Sitzungsberichte der Heidelberger Akademie der Wissenschaften
Mathematisch-naturwissenschaftliche Klasse
Jahrgang 1985, 2. Abhandlung

Shmuel Sambursky

Proklos, Präsident der platonischen Akademie, und sein Nachfolger, der Samaritaner Marinos

Vorgelegt in der Sitzung vom 6. Juli 1985

Springer-Verlag
Berlin Heidelberg New York Tokyo

Professor Dr. Shmuel Sambursky
The Israel Academy of Sciences and Humanities
Albert Einstein Square, P.O. Box 4040
91040 Jerusalem, Israel

ISBN-13: 978-3-540-15882-0   e-ISBN-13: 978-3-642-46555-0
DOI: 10.1007/978-3-642-46555-0

Das Werk ist urheberrechtlich geschützt. Die dadurch begründeten Rechte, insbesondere die der Übersetzung, des Nachdruckes, der Entnahme von Abbildungen, der Funksendung, der Wiedergabe auf photomechanischem oder ähnlichem Wege und der Speicherung in Datenverarbeitungsanlagen bleiben, auch bei nur auszugsweiser Verwertung, vorbehalten.
Die Vergütungsansprüche des § 54, Abs. 2 UrhG werden durch die „Verwertungsgesellschaft Wort", München, wahrgenommen.

© Springer-Verlag Berlin Heidelberg 1985

Die Wiedergabe von Gebrauchsnamen, Warenbezeichnungen usw. in diesem Werk berechtigt auch ohne besondere Kennzeichnung nicht zu der Annahme, daß solche Namen im Sinne der Warenzeichen- und Markenschutz-Gesetzgebung als frei zu betrachten wären und daher von jedermann benutzt werden dürften.
Satz: K + V Fotosatz GmbH, Beerfelden

Proklos, Präsident der platonischen Akademie, und sein Nachfolger, der Samaritaner Marinos

Die platonische Akademie in Athen ist die erste Institution, die wissenschaftliche Forschung und Lehrtätigkeit miteinander verband. Mit diesem Ziel im Auge hat PLATON sie um 385 v. Chr. gegründet, und über 900 Jahre danach, im Jahre 529 n. Chr., wurde sie auf Befehl des Kaisers JUSTINIAN geschlossen. Die Athener Akademie war somit nicht nur die erste, sondern auch die langlebigste aller wissenschaftlichen Institutionen, denn die ältesten Universitäten des heutigen Europa, die von BOLOGNA und MONTPELLIER, sind vor etwa 850 Jahren gegründet worden. Während ihrer langen Lebenszeit hatte die platonische Akademie manches Auf und Ab. In den ersten dreihundert Jahren war sie ein internationales Zentrum höchst aktiven Forschungs- und Lehrbetriebs im Geiste der platonischen Tradition; sie gab auch den Antrieb zur Gründung anderer Forschungszentren in Athen, z.B. des aristotelischen Lykeions, der von EPIKUR gegründeten Lehranstalt und der Stoa, die von ZENON gegründet und von KLEANTHES und CHRYSIPPOS zu großer Blüte gebracht wurde. Von den bedeutendsten Gelehrten, die in der Akademie lernten und lehrten, seien nur ARISTOTELES, XENOKRATES, EUDOXOS und HERAKLEIDES genannt.

Als Athen im Kriege von SULLA gegen MITHRIDATES VI. im Jahre 87 v. Chr. zerstört wurde, war die Akademie schon im Niedergang. Im dritten Jahrhundert n. Chr. wurde Athen wieder durch den Einbruch nördlicher Völkerstämme verwüstet, jedoch vom Ende des vierten Jahrhunderts an blühte die Akademie zugleich mit der Stadt wieder auf, und zu den berühmtesten Namen derer, die zu ihrer neuen Blüte beitrugen, gehört der des PROKLOS. Seine Lehre beeinflußte die christliche Philosophie des Mittelalters und das philosophische Denken der Neuzeit von der Renaissance an bis HEGEL, der ihn bewunderte und als den größten Dialektiker aller Zeiten erklärte. PROKLOS amtierte beinahe 50 Jahre als Präsident der Akademie, vom Tode seines Lehrers SYRIANOS im Jahre 437 an, und als er vor 1500 Jahren, am 17. April 485, starb, wurde sein langjähriger und treuer Schüler MARINOS zu seinem Nachfolger gewählt. MARINOS war Samaritaner, im palästinänsischen Nablus geboren, also wahrscheinlich jüdischer Abkunft, jedenfalls aber zu der Sekte gehörig, die ABRAHAM als ihren religiösen Stammvater ansah. Die folgenden Ausführungen sollen über das Leben und Wirken dieser beiden Philosophen kurz berichten.

600 Jahre nach PLATONS Tod erwachte seine Lehre zu neuem Leben, als PLOTIN (207 – 271) in Rom die letzte Phase des Platonismus begründete, den Neuplatonismus, der in den drei Jahrhunderten seines Bestehens, bis zu DAMASKIOS und SIMPLIKIOS in der Mitte des sechsten Jahrhunderts, sich als Fortsetzer der ursprünglichen platonischen Lehre betrachtete – in mancher Hinsicht mit Recht. PLATON hatte, wie bekannt, die Existenz zweier getrennter Regionen statuiert, der intelligiblen, der Welt der Ideen, der unveränderlichen Urbilder der sinnlichen Dinge, welche die wahre Realität darstellt, und der unvollkommenen Welt der Sinneswahrnehmungen, deren Objekte die veränderlichen Abbilder der Ideen sind. Als Zwischenregion nahm er den Bereich der Seele an, also der Weltseele, zu der auch die des Menschen gehört, und die rationale und irrationale Elemente enthält. Parallel dazu schrieb PLATON auch der Mathematik ein Zwischen-Dasein zu, unterhalb der intelligiblen Welt und über derjenigen der materiellen Objekte. Mathematik sowohl wie Astronomie wurden zu grundlegenden Forschungsbereichen der Akademie, neben dem philosophischen Denken.

Das platonische Prinzip der Realitätsstufen erweiterte sich im Gefolge der neuplatonischen Philosophie und wurde zu einer Realitätsleiter, deren oberste Stufe die Region der höchsten Einheit war, deren spezifische Stellung ihr eine begriffliche Verwandtschaft mit der göttlichen Einheit der monotheistischen Religionen oder der höchsten Gottheit der polytheistischen Religionen verlieh, wie z.B. dem ZEUS der Griechen. Unterhalb der Stufe des Einen befand sich die Region des Intellekts, gespalten in die intelligible Welt, die der Objekte des Intellekts, d.h. der Ideen, und die intellektuelle Welt, die der Subjekte, die den Gedanken der Ideen hegen. Die darunter liegende Stufe war die Region der Weltseele mit ihren verschiedenen Variationen, und schließlich kam die unterste Stufe, die der materiellen Welt, welche die Himmelsregion und unsere sublunare Welt umfaßte.

Andererseits darf man nicht den Einfluß der zahlreichen philosophischen Systeme auf den Neuplatonismus übersehen, die in dem langen Zeitraum von PLATON bis PLOTIN das griechische Denken geformt und beherrscht hatten – ARISTOTELES' Lehre und die peripatetische Schule, die STOA, die Wiedergeburt des Pythagoreismus und seiner Doktrin der Harmonie und kosmischen Sympathie, die im Verein mit den Schriften des Stoikers POSEIDONIOS die Philosophie der ersten Jahrhunderte unserer Zeitrechnung so gewaltig beeinflußt hat. Die Folge dieser vielfachen Einwirkungen war der Synkretismus, die Tendenz der Verschmelzung von PLATONS Lehre mit anderen Doktrinen, vor allem der aristotelischen, und des Verwischens ihrer Gegensätze. So z. B. versuchte man, ARISTOTELES als Fortsetzer und Kommentator von PLATON darzustellen, unter völliger Ignorierung seines Realismus, der die platonische Ideenlehre ablehnte und eine andere Dichotomie im Rahmen seiner realistischen Doktrin aufstellte – den Gegensatz zwischen der ewig unveränderlichen, ätherfüllten Himmelsregion mit der Periodizität ihrer Gestirne und der sublunaren Welt mit ihrem Wechsel und ihrer Ungewißheit.

Ferner sei daran erinnert, daß der Neuplatonismus durch einen Wandlungsprozeß anderer Art wesentlich geprägt worden ist: es war die graduelle Verschmelzung der Metaphysik mit der Theologie, die verstärkte Bindung philosophischer Thesen an die religiöse Tradition. Die besondere Eigenart dieses Prozesses bestand darin, daß die Elemente der griechischen Religion in allen ihren Schichten sich mit denen östlicher Religionen vereinigten, deren hervorstechende Merkmale ausgesprochen mystische Tendenzen waren, und die von Magie und Theurgie beherrscht wurden.

Vom dritten Jahrhundert an konzentrierten sich die neuplatonischen Schulen in vier geographischen Bezirken: Italien (PLOTIN lehrte in Rom, PORPHYR in Sizilien), Syrien, wo u. a. der originelle und kühne Denker JAMBLICH lehrte, Athen und Alexandrien. In der Athener Akademie, der klassischen Wirkungsstätte PLATONS, war die Einstellung der großen Mehrzahl der Gelehrten vom Ende des vierten Jahrhunderts an eine sozusgen „rein platonische"; sie lehnten die aristotelische Lehre und ihren Rationalismus ab. Zu Anfang des sechsten Jahrhunderts erneuerte SIMPLIKIOS den platonisch-aristotelischen Synkretismus in Athen, und in ALEXANDRIEN lehrte sein Zeitgenosse und christlich-neuplatonischer Rivale Johann PHILOPONOS, ein scharfer Gegner des Aristoteles.

In diesem Zeitraum vom Ende des dritten bis zum Ende des fünften Jahrhunderts wurden drei Biographien verfaßt, die uns wertvolles Quellenmaterial zur Geschichte des neuplatonischen Denkens liefern:

1. Das Leben PLOTINS, geschrieben von seinem Schüler PORPHYR [1];
2. Das Leben von PROKLOS, geschrieben von seinem Schüler MARINOS [2];
3. Das Leben von ISIDOROS, des etwa gleichaltrigen und gegnerischen Zeitgenossen des MARINOS, geschrieben von DAMASKIOS, dem Schüler des ISIDOROS [3].

Diese letzte Biographie ist uns nur fragmentarisch in byzantinischen Schriften erhalten, die Jahrhunderte später verfaßt wurden. MARINOS' Buch über PROKLOS' Leben, das gleich nach seinem Tode geschrieben wurde, ist eine wichtige Quelle zur Kenntnis seiner Persönlichkeit und des geistigen Klimas von Athen im fünften Jahrhundert, während seine zahlreichen noch erhaltenen Schriften uns über seine Lehre Auskunft geben.

Indem ich mich auf diese Quellen stütze, beginne ich mit PROKLOS, der in Konstantinopel am 8. Februar 412 geboren wurde, wie wir aus seinem in MARINOS' Biographie angegebenen Horoskop erfahren [4]. Sein Vater war ein wohlhabender Advokat, der nach Xanthos in Lykien übersiedelte, wo PROKLOS seine Jugendjahre verbrachte. PROKLOS ging nachher nach Alexandrien, um dort nach dem Willen des Vaters Jurisprudenz zu studieren, jedoch schon damals hörte er philosophische Vorlesungen, die ihn aber nicht befriedigten. Nach kurzem Aufenthalt in seiner Geburtsstadt Konstantinopel beschloß der junge Mann, seine Studien in Athen fortzusetzen, dem seit PLUTARCHS Wirken in der Akademie um das Jahr 400 herum anerkannt wichtigsten Zentrum von philosophischen und klassischen Studien. Wie MARINOS uns berichtet, kam der achtzehnjährige PROKLOS im Piräus an, und auf seinem Weg nach Athen stillte er seinen Durst aus einer Quelle neben dem Grab des SOKRATES [5], was sozusagen von symbolischer Bedeutung für seine Zukunft in Athen war. Unmittelbar nach seiner Ankunft dort bestieg er die Akropolis, und als er auf das Tor zuging, traf er den Torhüter, der im Begriff war zu schließen und ihm sagte: „Wärest du nicht jetzt gekommen, so hätte ich das Tor geschlossen" [6]. Auch diese Worte waren ihm ein Symbol, wie manches andere, was PROKLOS in seinem langen Leben erfahren hat.

Eines der ersten Akademiemitglieder, deren Bekanntschaft PROKLOS machte, war der gelehrte SYRIANOS, der ihn dem greisen PLUTARCH vorstellte, dem damaligen Präsidenten der Akademie. PLUTARCH war derart von dem jungen Mann beeindruckt, daß er, trotz seines hohen Alters, mit ihm ARISTOTELES' „De anima" und PLATONS „Phaidon" las, und seine geistige und körperliche Entwicklung förderte. PLUTARCH starb im Jahre 432, nachdem er PROKLOS seinem Nachfolger SYRIANOS warm empfohlen hatte. In den fünf Jahren, die SYRIANOS bis zu seinem Tode im Jahre 437 als Präsident der Akademie beschieden waren, verband ihn eine enge Freundschaft mit seinem Schüler PROKLOS [7]. Er studierte mit ihm sämtliche Werke PLATONS und ARISTOTELES' und führte ihn in die Mysterienlehre ein, die sogenannten chaldäischen Orakel, eine mystische Schrift des zweiten Jahrhunderts, die in der neuplatonischen Lehre eine große Rolle spielte.

Im jugendlichen Alter von 25 Jahren wurde PROKLOS Präsident der Akademie und versah sein Amt bis zu seinem Tode im Jahre 485. Wie seine zahlreichen Schriften und MARINOS' Lebensbeschreibung bezeugen, war seine Persönlichkeit das Produkt extremer Gegensätze. Mit scharfem Intellekt begabt, war er ein großer Logiker, und gleichzeitig zeichnete ihn ein grenzenloser Wunderglaube aus, ein Glaube an Magie und Zauberkünste, eine ausgesprochene Vorliebe für Mystik und theurgische Praxis. Vor allem aber war er ein hervorragender Systematiker, der die ganze neuplatonische Philosophie und Religion in ein einheitliches und in sich geschlossenes System verwandelte, und dem es gelang, ihre Prinzipien als ein festumrissenes Gedankengebäude darzustellen. In der gesamten Antike hatte diese konsequente Systematik nichts ihresgleichen aufzuweisen, und in der Neuzeit gibt es nur wenige Beispiele, die sich ihr an die Seite stellen können. PROKLOS leitete die Lehrsätze der neuplatonischen Philosophie more geometrico als Glieder einer formal-logischen Kette ab, ähnlich wie es SPINOZA in seiner Ethik machte, HEGEL in seiner Encyclopädie der philosophischen Wissenschaften und WITTGENSTEIN in seinem Tractatus Logico-Philosophicus. Diese perfekte Systematik bildet den Kern von PROKLOS' philosophischer Originalität. Gedanken, die gelegentlich und aphoristisch von PLOTIN, PORPHYR, JAMBLICH und anderen seiner Vorgänger geäußert wurden, erscheinen bei ihm als eine notwendige Folge logischer Behauptungen. PROKLOS' „Elemente der Theologie" (Theologie im Sinne von Metaphysik) sind das klassische Beispiel dieser Systematik, und in etwas geringerem Maße seine ausführlichere Schrift „Die platonische Theologie".

Proklos und sein Nachfolger, der Samaritaner Marinos

Zwei Beispiele mögen genügen, um PROKLOS' philosophische Denkweise zu illustrieren. Das erste ist seine These vom Kreislauf alles Geschehens, der aus seinem Fortschreiten und seiner Rückkehr zum Ausgangspunkt besteht. Diese These war einer der zentralen Stützpfeiler seiner Philosophie, einschließlich seiner naturphilophischen Ideen. Er wandte dies Prinzip auf alle Antithesen des Neuplatonismus an, so z. B. die Gegensätze Eines-Viele, Ruhe-Bewegung, das Ganze und seine Teile, und auf die Stufenleiter der Realitäten. Dieser Kreislauf birgt in sich das dialektische Verhältnis von Ursache und Wirkung, das PROKLOS aufs eingehendste entwickelte. Die Realitätsstufen oder Hypostasen, vom höchsten Einen bis zur materiellen Welt, sind miteinander durch die Emanation verbunden, die eine höhere Stufe auf die niedere ausstrahlt, ohne daß diese Ausstrahlung ihren Rang irgendwie vermindert. Man kann demnach sagen, daß jedes Objekt einer derartigen Ausstrahlung oder eines solchen Einflusses, kurz — jede Wirkung, schon in der Ursache weilt, weil Ursache und Wirkung eine Gemeinsamkeit aufweisen oder einander ähnlich sind. Andererseits jedoch tritt die Wirkung aus der Ursache heraus, weil beide voneinander verschieden sind, und schreitet von ihr fort. Die Tendenz der Rückkehr zum Ausgangspunkt bringt schließlich die Wirkung zurück zur Ursache. Diese dialektische Triade: Verweilen, Fortschreiten, Rückwendung (μονή, πρόοδος, ἐπιστροφή) wird so zu einem Kausalprinzip, das alle Stufen der Realität miteinander verbindet [8]. Ein wichtiger Sonderfall der dritten Phase dieser Triade ist das Gebet, eine von PROKLOS allen Göttern gegenüber geübte Handlung, denn das Gebet ist ja eine Rückwendung zu einer höheren Realität, die den Betenden auf sozusagen magische Weise zur Vereinigung mit der Gottheit führt. Als Mittel zu dieser Vereinigung bediente sich der neuplatonische Gläubige auch der Theurgie, die jeder menschlichen Weisheit und jedem rationalen Handeln überlegen ist, und von deren Technik wir aus PROKLOS' Schriften lernen. Für PROKLOS war das Studium der chaldäischen Orakel einer der wirksamsten Wege zum Aufstieg der menschlichen Seele auf der Realitätsleiter bis zu ihrer Vereinigung mit dem göttlichen Prinzip auf der höchsten Stufe dieser Leiter.

Ein zweites Beispiel ist ebenfalls der PROKLOSschen Schrift „Elemente der Theologie" entnommen, deren 211 Sätze gemäß der strikten formalen Logik voneinander abgeleitet werden. PROKLOS beweist (Satz 122), daß die Transzendenz des über alle Vernunft der Sterblichen erhabenen Gottes, der nach ARISTOTELES sich selbst denkt und erkennt, mit seiner höchsten, jedes Individuum betreuenden Vorsehung vereinbar ist [9]. Mit anderen Worten: es besteht kein Widerspruch zwischen ARISTOTELES' Auffassung und der stoischen Behauptung, daß Gott sämtliche Geschicke aller Menschen lenkt — eine These, die EPIKUR für lächerlich hielt. PROKLOS' Beweisführung läuft auf den Schluß hinaus, daß der transzendente Gott seine Fügung in dem Sinne automatisch ausübt, daß jedes Individuum unbewußt an den Gesetzen der Vorsehung mitwirkt, so daß diese Gesetze in allen Fällen Geltung haben. In seiner „Platonischen Theologie" betont PROKLOS, daß die Vereinbarkeit der Transzendenz Gottes mit seiner höchsten Vorsehung das glanzvollste Ergebnis der platonischen Metaphysik sei.

Zu PROKLOS' Systematik und logischer Schärfe gesellten sich seine mathematische Begabung und sein intensives Interesse an dieser Wissenschaft, wovon sein Kommentar über das erste Buch von EUKLIDS „Elementen" Zeugnis ablegt [10]. Dieser Kommentar beginnt mit einer Apotheose der Mathematik, einem Bekenntnis zu ihrer Allmacht, die sich in der Gesamtheit ihrer Anwendungen auf die verschiedensten Disziplinen kundgibt, wobei neue Horizonte in allen Zweigen menschlichen Denkens eröffnet werden, die ausnahmslos mathematisierbar sind. PROKLOS führt aus, daß in der Theologie die Sätze der Mathematik uns die göttliche Wahrheit als eine ewige und unerschütterliche Tatsache enthüllen. In den physikalischen Wissenschaften erklärt die Mathematik die kosmischen Gesetze, zeigt die Wechselwirkung voneinander entfernter Objekte auf und ermöglicht die Berechnung der Planetenbahnen. In den Staatswissenschaften kann man den günstigen Moment für politische Aktionen mathematisch berechnen und die Ursachen politischer Ereignisse aufdecken. In der Ethik können wir mit Hilfe der Mathematik zu einem klaren Verständnis der Gesetze gelangen, auf denen die verschiedenen menschlichen Tugenden beruhen, und so unsere Sitten und Gebräuche wieder in Schick und Ordnung bringen. Und schließlich erinnert uns PROKLOS an den Nutzen der Mathematik für die Rhetorik, die unsere Gedankengänge klar und harmonisch darstellen kann, und für die Poetik, in der die Gesetze der Metrik durch bestimmte Proportionen gegeben sind.

PROKLOS' Gedanken weisen eine verblüffende Ähnlichkeit auf mit denen der Begründer der Kybernetik des 20. Jahrhunderts. Sein Schüler MARINOS hat dies kybernetische Bekenntnis mit einem Satz ausgedrückt, der 200 Jahre nach ihm zitiert wurde: „O wäre doch alles Mathematik!" [11]. In beiden Fällen ist die prinzipielle Einstellung dieselbe, nur daß auf die Überlegungen der modernen Kybernetiker das Zeitalter des Komputers folgte, während das kybernetische Credo des PROKLOS in seinem religiösen Empfinden zum Ausdruck kam, seinem Glauben an den positiven Einfluß des mathematischen Studiums auf den Menschen, ähnlich den Meditationen der Buddhisten oder Kabbalisten. Einige Zeilen aus PROKLOS' Kommentar zum Euklid mögen hier zur Erläuterung zitiert werden: „Die Mathematik reinigt das Denken und enthüllt die reinen Bilder, die das Wesen unserer Existenz ausmachen [...]. Sie befreit uns von den Fesseln des Irrationalen mit Hilfe des Gottes, der der wahre Hüter dieser Wissenschaft ist, welche die geistigen Werte offenbart und alles mit göttlichen Formen erfüllt und die Seele zum Intellekt führt und sie aus ihrem tiefsten Schlummer weckt [...], und indem sie diese zum reinen Geiste hinleitet, beschenkt sie dieselbe mit einem Leben der Glückseligkeit" [12].

In seinem Kommentar spricht PROKLOS ausführlich über den Kreis und seine symbolische Bedeutung. Sein Mittelpunkt bezeichnet das höchste Eine und symbolisiert gleichzeitig das Verweilen der bewirkten Realität in der höchsten Ursache. Die vom Mittelpunkt ausstrahlenden Radien sind das Symbol der Gesamtheit aller Wirkungen, die von dem Einen emanieren und fortschreiten, und der Kreisumfang ist die Rückwendung all dieser Aktionen, die zum Einen zurückstreben und auf das Eine konvergieren. Der Kreis ist demnach das vollkommene Symbol des triadischen Prinzips, des Verweilens, des Fortschreitens und der Rückwendung, also des Kreislaufs der Kausalität im Universum [13]. Diese neuplatonische Version vom Primat des Kreises als vollkommener Form war schon in ihrer ursprünglichen Fassung seit dem fünften vorchristlichen Jahrhundert im Bewußtsein der Griechen verankert; dadurch wurde die gleichförmige Kreisbewegung zur Grundlage der Himmelsbewegungen in der griechischen Astronomie. Hier sei auch PROKLOS' Studium der Kosmologie erwähnt, vor allem seine „Grundzüge der astronomischen Hypothesen" [14]. In diesem Buch werden die astronomischen Theorien des antiken Griechenlands bis zu denen des HIPPARCH und PTOLEMAIOS ausführlich behandelt (in einem Punkt, der Präzession der Tag- und Nachtgleichen, nicht fehlerfrei). Auch in PROKLOS' Kommentar zum Timaios, dem kosmologischen Dialog PLATONS, kommt dies Thema zur Sprache.

PROKLOS' zusammenfassendes Werk über die klassische Astronomie ist in mancher Hinsicht die interessanteste seiner Schriften. Es ist 300 Jahre nach dem Erscheinen des „Almagest" von PTOLEMAIOS verfaßt worden, und 1100 Jahre vor KOPERNIKUS' „De revolutionibus", das der geozentrischen Theorie ein Ende bereitete. PROKLOS beschreibt ausführlich die verschiedenen Hilfskonstruktionen, die im Laufe der klassischen Epoche zur Erklärung der Abweichungen aufgestellt wurden, welche die Bewegungen und Bahnen der Planeten von der gleichförmigen Drehung des Himmelsgewölbes aufweisen. Gemäß den wesentlichen von HIPPARCH und PTOLEMAIOS durchgeführten Konstruktionen bewegen sich die Planeten auf exzentrisch zur Erde gelegenen Kreisen, oder auf Nebenkreisen (Epizykeln), deren Mittelpunkt sich gleichförmig auf der Peripherie des Hauptkreises um die Erde bewegt; schließlich wurden auch beide geometrischen Kunstgriffe kombiniert. Die Epizykelnhypothese konnte vor allem die auffallenden Schleifenbewegungen erklären, welche je und je die kreisförmigen Bahnen der „äußeren" Planeten Mars, Jupiter und Saturn unterbrechen. Das intuitive Gefühl von PROKLOS war, daß das geozentrische System die wahre physikalische Realität nicht widerspiegelt. Diese mathematischen Konstruktionen, so betont er, können trotz ihres Scharfsinns weder intellektuelle noch seelische Befriedigung gewähren. Seine Zweifel wurden dadurch bestärkt, daß die Astronomen an all diesen Konstruktionen immer wieder Verbesserungen vornahmen, sobald sich die Ergebnisse mit der Verfeinerung der Beobachtungen veränderten. Die Astronomie sei also keine exakte Wissenschaft, wie die Mathematik, die von Postulaten ausgeht, von denen ein für alle Mal die gegebenen Tatsachen abgeleitet werden können.

Aus der Lektüre der relevanten Stellen in PROKLOS' Timaioskommentar, den er nach dem Bericht von MARINOS im Alter von 27 Jahren, also im Jahre 439 verfaßt hatte, erfahren wir einiges von den prinzipiellen Konsequenzen, die er aus den astronomischen Befunden zieht. Ihm steht es fest, daß einzig und allein die Himmelskugel samt ihren Fixsternen sich durch eine vollkommen reguläre Bewegung auszeichnet, d. h. durch perfekte Periodizität, und durch Gleichförmigkeit aller Bahnteile, die nur dem Kreise eignet. Diese Vollkommenheit steht in polarem Kontrast zu den Bewegungen in unserer irdischen Welt, die weder Regularität noch Gleichförmigkeit aufweisen und somit keine zuverlässigen Voraussagen ermöglichen. PROKLOS führt aus, daß die Planetenbewegungen eine Mittelstellung zwischen der völlig regulären Bewegung des Himmels und den völlig irregulären Bewegungen der irdischen Region einnehmen, und daß sie somit ein Symbol der gesamten Natur seien, die einen Mittelzustand zwischen der göttlichen Ordnung und der irdischen Unordnung darstellt [15]. Die Gesamtnatur, gleich den Planetenbewegungen, ist regulär und wiederum nicht regulär, zugleich gesetzmäßig und nicht gesetzmäßig, sie kombiniert Gesetzmäßigkeit mit Willkür.

Im „Timaios" erzählt PLATON vom Krieg der Bewohner von Atlantis gegen die Athener, der allegorisch den Gegensatz des Bösen und Guten auf Erden verbildlicht. PROKLOS' Kommentar zur Stelle verleiht dieser Allegorie kosmische Bedeutung. Das ganze Universum, so heißt es da, ist voller Widersprüche wie dem von Gut und Böse, so z. B. dem Widerspruch von Regularität oder Gesetzmäßigkeit, und Irregularität oder Willkür [16]. Dieser philosophische Gedanke des PROKLOS ist zweifellos einer der tiefsten in der Geschichte der Naturphilosophie, der auch heute noch Gültigkeit hat, wie ein Beispiel zeigen möge. Immer wieder gelingt es uns, schon bekannte oder neu entdeckte Naturvorgänge mathematisch exakt zu formulieren. Diese Formulierungen enthalten aber verschiedene numerische Daten, die nicht von den mathematischen Gesetzen ableitbar sind, sozusagen brutale Tatsachen, die eventuell im Lauf der wissenschaftlichen Entwicklung erklärt werden können. Eine derartige Erklärung wird aber wiederum neue numerische Daten enthalten, die im Rahmen der neuen Theorie willkürliche Gegebenheiten darstellen. Man denke nur an die „Anfangsbedingungen" oder „Randbedingungen" mathematisch-physikalischer Differentialgleichungen. Allgemein kann man behaupten, daß *allen* Gesetzen der Physik, sei es derer von NEWTON oder EINSTEIN, PLANCK, BOHR oder HEISENBERG, ein Rest von Willkür anhaftet. In seiner „Encyclopädie der philosophischen Wissenschaften" (1818) hat HEGEL diesen Gedanken des PROKLOS übernommen, ohne seinen Namen zu erwähnen. Er sagt dort in der ihm eigenen Formulierung: „Die Natur zeigt [...] in ihrem Dasein keine Freiheit, sondern Notwendigkeit und Zufälligkeit. [...] Sie ist der unaufgelöste Widerspruch" [17].

PROKLOS' Kommentar zum „Timaios" ist eine sehr ergiebige Quelle für das Studium des spätantiken Neuplatonismus und eine wahre Fundgrube philosophischer Ideen und religiöser Vorstellungen der gesamten paganischen Welt in den ersten nachchristlichen Jahrhunderten. PROKLOS selbst hielt ihn für die wichtigste seiner Schriften. Er hat über fünfzig Werke verfaßt, von denen mehr als die Hälfte noch erhalten ist. Seine außergewöhnliche Fruchtbarkeit war die Folge einer unermüdlichen, fast fünfzigjährigen Arbeit voller Fleiß und Ausdauer. MARINOS erzählt uns in seiner Biographie Einzelheiten von PROKLOS' Arbeitsprogramm, das den größten Teil eines 24-Stundentages ausfüllte, von denen er sich nur wenige Stunden Schlaf gönnte [18]. Forschungs- und Lehrtätigkeit und religiöse Kulte wechselten dabei ununterbrochen ab. Dreimal täglich, bei Sonnenaufgang, zur Mittagsstunde und bei Sonnenuntergang, betete er zur Sonne. Der Vormittag war dem Studium der Kommentare neuplatonischer Autoren gewidmet, sowie dem Verfassen seiner eigenen Schriften, wobei er nicht weniger als 700 Zeilen täglich schrieb. Nach dem Mittagsgebet begannen philosophische Diskussionen mit Kollegen, und im Laufe des Nachmittags folgten fachliche Gespräche mit Hörern und Schülern, woran sich noch etwa fünf Vorlesungen anschlossen, nach deren Abhaltung er ihren Inhalt sofort schriftlich festlegte. Tags und nachts nahm er mehrere Tauchbäder, beobachtete andere Reinigungsriten und dichtete religiöse Hymnen und Lobgesänge. Selbstverständlich zelebrierte er alle üblichen Gedenktage der Akademie, wie den Todestag des SOKRATES oder PLATONS Geburtstag. PROKLOS war der toleranteste, man kann sagen der liberalste aller paganischen Philosophen. Aufgrund seiner prinzipiellen Einstellung zum Ursprung und Wesen des Gebets verehrte er die Götter aller Religionen, derjenigen Roms, Ägyptens, Syriens und natürlich Griechenlands, wobei Athene, die Schutzgöttin Athens, den Vorrang hatte. Er pflegte zu sagen, daß es einem Philosophen nicht obliege, für irgendeine Stadt oder die Riten einzelner Völker Sorge zu tragen, sondern er solle Hoherpriester für die ganze Welt sein [19].

MARINOS berichtet auch von PROKLOS' Fürsorge und Hilfsbereitschaft, so z. B. der Heilung schwerkranker Menschen durch Theurgie und sogar seinem Einfluß auf das Wetter und seiner Verhütung von Erdbeben [20]. Ferner kümmerte er sich um bürgerliche Angelegenheiten, wobei er sich insbesondere um das Wohl der neuplatonischen Gemeinschaft Athens bemühte, so z. B. wenn es galt, böswilligen Machenschaften der christlichen Beamtenschaft entgegenzutreten. Diese Wirksamkeit führte zu Spannungen mit der römischen Administration, und PROKLOS mußte aus Athen fliehen und verbrachte ein Jahr in Lydien, bis die Verhältnisse sich wieder normalisiert hatten [21]. In Griechenland wurden die Paganen von den Christen viel weniger verfolgt als in anderen Bezirken des römischen Imperiums, in denen die Unterdrückung vielfach grausame Formen annahm. MARINOS erzählt von einem Fall, der sich um das Jahr 470 ereignete, als die christliche Administration das Standbild der Athene vom Parthenon entfernte und es nach Konstantinopel überführte. Er spricht nur andeutungsweise von diesem Übergriff, den jene verübten, „die das Unberührbare berührten" [22] und fügt hinzu, daß Athene dem PROKLOS im Traum sagen ließ, daß sie in seinem Hause bleiben wolle.

PROKLOS heiratete nie, trotz vieler Bemühungen seitens vornehmer und reicher Familien. Sein Leben war der Forschung und dem Gottesdienst geweiht; es war in jeder Beziehung das Leben eines Asketen, das seine Kräfte derart schwächte, daß er im siebzigsten Lebenjahr kaum noch arbeitsfähig war. Er wurde in SYRIANOS' Grab beigesetzt, gemäß dem Wunsch beider Freunde, und PROKLOS selber verfaßte die Inschrift auf dem gemeinsamen Grabmal [23]. Sein Leben war ein typisches Beispiel jenes Widerspruchs, von dem er geschrieben hat, des Widerspruchs, der den ganzen Kosmos erfüllt. Gelehrsamkeit und Forschung einerseits, Magie und Theurgie andererseits waren hier in einer bedeutenden Persönlichkeit vereinigt, deren Bedeutung auch in ihren verschiedenen Tugenden zutage trat, die ihr Leben zu einem glückseligen im Sinne der aristotelischen Ethik gestaltete, wie es der Titel von MARINOS' Biographie andeutet: „PROKLOS, oder über die Glückseligkeit". Diese Biographie schrieb er unmittelbar nach dem Tode des verehrten Meisters mit dem doppelten Vorhaben, als Lebensbeschreibung und als Verherrlichung der Tugenden eines Menschen, dem ein Leben geistigen und körperlichen Glücks beschieden war.

Nunmehr möchte ich zum Samaritaner MARINOS übergehen, der nach PROKLOS' Tod die Leitung der Akademie übernahm. Es sei von vornherein betont, daß wir fast nichts von seinem Leben wissen und daß alles im Folgenden über ihn Gesagte lediglich Vermutungen sind, deren Wahrscheinlichkeitsgrad allerdings kein geringer ist. Die wichtigste uns zur Verfügung stehende Quelle ist die von DAMASKIOS verfaßte Biographie seines Lehrers ISIDOROS, des Kollegen und Widersachers von MARINOS. Fragmente dieser Biographie sind vom Konstantinopler Patriarchen PHOTIUS um 860 zusammengestellt und um das Jahr 1000 in das enzyklopädische Lexikon „Suda" aufgenommen worden, das vermutlich ebenfalls in Konstantinopel verfaßt wurde. Aus diesen Fragmenten erfahren wir, daß MARINOS in Nablus am Berge Gerisim geboren wurde, und daß er seinen samaritanischen Glauben aufgab, aus Opposition zu den religiösen Reformen, die damals durchgeführt wurden. „Er wurde zur Religion der Griechen hingezogen", wie DAMASKIOS es ausdrückte, d. h. er wurde Neuplatoniker [24]. In seiner Jugend zog er nach Athen und wurde Schüler des PROKLOS. Sein ganzes Leben lang litt er an einer chronischen Darmkrankheit, die ihn derart schwächte, daß PROKLOS häufig um sein Leben ernstlich besorgt war. MARINOS' zerrütteter Gesundheitszustand war auch der Grund, warum sein Studienkollege ISIDOROS zögerte, ihm mit Fragen über seine Jugendzeit in Palästina zur Last zu fallen [25]. Diese gewiß löbliche Rücksichtnahme auf den kränkelnden Kollegen ist vom Standpunkt des Historikers bedauerlich, denn so wurden uns wichtige Einzelheiten von MARINOS' früherer Lebensgeschichte vorenthalten, z. B. sein Geburtsjahr, das wir aus indirekten Daten auf das Jahr 440 ansetzen können.

Die religiösen Reformen, von denen DAMASKIOS spricht, sind wohl die etwa 100 Jahre vorher von Baba RABBA, einem der geistigen Führer der Samaritaner durchgeführten Maßnahmen, die eine religiöse Erneuerung des samaritanischen Lebens durch Intensivierung des Gottesdienstes zum Ziele hatten. Zahlreiche neue Synagogen wurden damals gebaut und religiöse Gebräuche eingeführt, um die samaritanische Theologie zu fördern und ihre Liturgie zu bereichern. Besonderes Gewicht wurde auf das Reinigungsritual gelegt, z. B. das rituelle Bad vor dem Synagogendienst [26]. Diese Tendenz einer Stärkung der Religion durch ihre Institutionalisierung war, wie es scheint, ganz und gar nicht im Sinne des MARINOS. Institutionelle Maßnahmen dieser Art konnten natürlich die Samaritaner vor den grausamen Verfolgungen der Römer nicht bewahren, die sich im 5. Jahr-

Proklos und sein Nachfolger, der Samaritaner Marinos

hundert verstärkten. Ihre Enttäuschung und Verzweiflung wuchs, und vielleicht hat auch die hoffnungslose politische Lage im samaritanischen Palästina den letzten Anstoß dazu gegeben, daß MARINOS seinen Glauben aufgab und zum Neuplatonismus übertrat. Wahrscheinlich verließ er auch seine Heimatstadt, die, was klassische Studien anlangte, eine Provinzstadt war und ging in eine der Hafenstädte des östlichen Mittelmeers, die damals Zentren derartiger Studien waren, möglicherweise Caesarea, das jahrhundertelang ein solches Zentrum und der Sitz einer großen Bibliothek war und außerdem zu jener Zeit eine bedeutende samaritanische Gemeinde hatte. Dort konnte sich der junge MARINOS gründliche Kenntnisse der klassischen Schriften und der Mathematik aneignen.

Als MARINOS um das Jahr 460 nach Athen kam und von PROKLOS als Schüler aufgenommen wurde, war er schon ein aufstrebender Gelehrter, der, wie DAMASKIOS berichtet, sein Lehrer in Mathematik und ISIDOROS' Lehrer in aristotelischen Studien war. DAMASKIOS betont, daß MARINOS' unermüdlicher Fleiß ihn schon in seinen Jugendjahren um ein beträchtliches bekannter gemacht hat als viele seiner älteren Kollegen [27]. Diese lobende Anerkennung des DAMASKIOS ist von großem Gewicht, wenn man bedenkt, daß MARINOS vielleicht der einzige entschiedene Aristoteliker seiner Generation in Athen war. Jedenfalls distanzierte er sich, im Gegensatz zu PROKLOS und noch ausgesprochener zu ISIDOROS und DAMASKIOS, von Magie und Theurgie, und seine wissenschaftliche Einstellung war eine rationalistische, wie auch seine Platonkommentare bezeugen. Er zeigte seinen offenbar streng philologisch gehaltenen Kommentar zum „Philebos" seinem Kollegen ISODOROS, der ihm nach der Lektüre sein negatives Urteil kurz und bündig mit den Worten ausdrückte: „Der Kommentar unseres Lehrers PROKLOS genügt", worauf MARINOS seine Schrift verbrannte [28]. In seinem (ebenfalls nicht erhaltenen) Kommentar zum schwierigsten platonischen Dialog, dem „Parmenides", betonte MARINOS, gemäß dem Bericht von DAMASKIOS, daß diese Schrift von Ideen handele, und nicht von Göttern, wie seine athenischen Kollegen glaubten [20]. Auch diese einfache und rationale Deutung mißfiel den Kollegen, und wiederum war MARINOS drauf und dran, diesen Kommentar zu verbrennen, ließ sich aber von seinem Vorhaben zurückhalten, weil ihm angeblich PROKLOS im Traum erschien und ihm seine Zufriedenheit mit dieser Schrift ausdrückte. Auch hier zeichnet sich offenbar die geistige Gestalt des MARINOS als die eines Denkers ab, der sich von mystischen, PLATONS ursprüngliche Lehre verzerrenden Deutungen zurückhielt. PROKLOS selber scheint seinen Schüler gestützt und als Gelehrten und Lehrer geschätzt zu haben, obwohl MARINOS manchen irrationalen Aspekten der Doktrin und Persönlichkeit seines Lehrers ablehnend gegenüberstand.

Außer seinen Kommentaren zum „Philebus" und „Parmenides", die nicht erhalten sind, hat MARINOS auch einige aristotelischen Schriften kommentiert, und auch diese Kommentare sind leider verlorengegangen. Wir besitzen aber einen ausführlichen Bericht über seinen Kommentar zu ARISTOTELES' „De anima", insbesondere über seine Ausführungen, die das fünfte Kapitel des dritten Buches dieser Schrift betreffen. Dieser Bericht, der fälschlich dem PHILOPONOS zugeschrieben wurde und in dessen Kommentar zu „De anima" zu finden ist, hat ein anderer neuplatonischer Philosoph des sechsten Jahrhunderts verfaßt [30]. Es werden da die Ausführungen einiger Denker über dieses komplizierte Kapitel von ARISTOTELES' Psychologie wiedergegeben, darunter die von PLOTIN, ALEXANDER von Aphrodisias und MARINOS. Der Abschnitt behandelt das Denken des Menschen, das einen anderen Charakter hat als seine Wahrnehmung. Die Sinneswahrnehmung wird durch äußere Objekte mittels der menschlichen Sinnesorgane angeregt, die in ihm ein Bild der Außenwelt hervorrufen. Wie aber entsteht das menschliche Denken, wie entstehen die Allgemeinbegriffe im Gehirn des Menschen? Hier unterscheidet ARISTOTELES zwischen zweierlei Arten von Verstand, der aktiven und der passiven Intelligenz. Die aktive Intelligenz entspricht der aristotelischen wirkenden Ursache, die passive – der ungeformten Materie, der diese Ursache Form verleiht. Die aktive Intelligenz ist also diejenige Kraft, die es der passiven ermöglicht, sich die intelligiblen Formen der Denkobjekte anzueignen. ARISTOTELES vergleicht die aktive Intelligenz mit dem Licht. So wie das Licht die potentiellen Farben eines Körpers in aktuelle, sichtbare, verwandelt, überführt auch die aktive Intelligenz die passive aus einem Zustand der Potentialität in den der Aktualität, in einen erfassenden und denkenden Verstand.

ARISTOTELES bemerkt hierzu ganz allgemein, „daß das Aktive immer von höherem Wert sei als das Passive, und der (formende) Ursprung höher als die Materie" [31]. ALEXANDER von Aphrodisias, der große peripatetische Kommentator des dritten Jahrhunderts, deutet diese Bemerkung dahin, daß die aktive Intelligenz transzendent, also göttlich sei, vor allem weil ARISTOTELES auch betont hat, daß sie von der Materie abgetrennt, demnach reine Aktualität ist. Derselben Ansicht war auch Giacomo ZABARELLA aus Padua, der bedeutende Aristotelesforscher in der zweiten Hälfte des 16. Jahrhunderts. PLOTIN war entgegengesetzter Meinung; er erklärt, daß die aktive Intelligenz, gleich der passiven, eine menschliche sei. MARINOS' Auffassung nahm eine Art Mittelstellung ein; sie geht dahin, daß das Niveau der aktiven Intelligenz zwar höher ist als das des Menschen, daß sie jedoch nicht das der höchsten Gottheit, der reinen Aktualität erreicht. MARINOS beruft sich dabei auf den aristotelischen Vergleich der aktiven Intelligenz mit dem Licht; das Licht ist ja eine Wesenheit, die sich zwischen der leuchtenden Lichtquelle und dem beleuchteten Objekt befindet. Er kommt daher zum Schluß, daß die aktive Intelligenz „die Intelligenz von Dämonen und Engeln" sei [32], daß also ihr Niveau auf dem sekundärer Gottheiten oder von Vertretern der wahren Götter liege. Die islamischen Philosophen schlossen sich der Auffassung von MARINOS an, wie man u. a. aus den Schriften von Al-Farabi und Ibn-Sina ersehen kann [33]. Auch im Timaioskommentar von PROKLOS werden die diesbezüglichen Worte von MARINOS erwähnt [34]. Der Umstand, daß MARINOS ausführlich von einem der letzten Neuplatoniker zusammen mit so bedeutenden Gelehrten wie PLOTIN und ALEXANDER zitiert wird, zeugt von seiner Wertschätzung als Philosoph von Gewicht, und wir haben deshalb allen Grund, dem abfälligen Ur-

Proklos und sein Nachfolger, der Samaritaner Marinos

teil von DAMASKIOS in seiner Isidorosbiographie mit großem Mißtrauen zu begegnen.

Zwei Schriften des MARINOS sind vollständig erhalten: Seine Proklosbiographie und die Einleitung zu EUKLIDS „Data" (δεδομένα) [35]. Hier beschäftigt sich MARINOS ausführlich mit den verschiedenen Definitionen des Terminus „gegebene Größe" (Datum), der in den geometrischen Werken EUCLIDS eine wesentliche Rolle spielt. Er analysiert einige dieser Definitionen, wie τεταγμένον (festgelegt), γνώριμον (bekannt), πόριμον (einleuchtend), ρητόν (präzise ausgedrückt), sowie deren Gegenteil. Der Kommentar selbst ist offenbar nicht erhalten, aber aus der Einleitung geht hervor, daß er mehrere Beispiele von „gegebenen Größen" anführte, z. B. den Flächeninhalt oder die Form des Vielecks, von denen mathematische Sätze abgeleitet und bewiesen werden können. Die Einleitung allein zeugt von MARINOS' mathematischer Begabung und seinem Interesse an der Philosophie der Mathematik. In dieser Hinsicht folgte er seinem Lehrer PROKLOS und dessen kybernetischer Einstellung. Seinen klassisch gewordenen Ausruf „O wäre doch alles Mathematik!" habe ich schon früher zitiert.

Alle Anzeichen sprechen dafür, daß PROKLOS den wohl ältesten seiner Schüler schätzte und liebte, trotz seiner rationalistischen Einstellung und seiner offenkundigen aristotelischen Tendenz. PROKLOS' Besorgnis um MARINOS' Gesundheit, von der DAMASKIOS berichtet [36], ist auch aus dem Grunde verständlich, weil MARINOS der erste Kandidat für die Nachfolge der Akademieleitung war. Unter den anderen in Betracht kommenden Kandidaten war der zu Magie und Theurgie neigende ISIDOROS, ein polarer Gegensatz zum rationalistischen MARINOS. Die dauernden Reibungen zwischen diesen beiden führten schließlich dazu, daß ISIDOROS zeitweilig Athen verließ und abwesend war, als PROKLOS starb. Diese Abwesenheit löste das mehrjährige Dilemma der Nachfolge, und MARINOS, gemäß PROKLOS' ursprünglichem Wunsch, wurde zum Präsidenten der Akademie gewählt. ISODOROS und DAMASKIOS, der letzte amtierende Präsident vor der Schließung der Akademie im Jahre 529, waren seine Nachfolger.

Ein Beweis für PROKLOS' freundschaftliche Beziehung zu MARINOS ist die Tatsache, daß er ihm eines der Kapitel seines Kommentars zum „Staat" gewidmet hat, das von einem der bekannten Mythen der Antike handelt, dem Mythos vom Armenier Er, mit dem das letzte Buch von PLATONS „Staat" schließt [37]. PROKLOS beginnt seinen Kommentar hierzu mit den Worten „Lieber MARINOS, ich will jetzt den Mythos von Er im Staat interpretieren" [38]. In diesem Mythos wird erzählt, daß die Seele von Er, nachdem er im Kriege gefallen war, ins Jenseits versetzt wird, wo sie 12 Tage weilt. Nach ihrer Rückkehr in seinen Körper erwacht Er und berichtet von seinen Erlebnissen dort. Im Laufe seines Kommentars zitiert PROKLOS zweimal die Interpretation des MARINOS, die anders ist als die seine, und bemerkt dazu etwa so: „Dies ist möglich, man kann es aber auch anders auslegen". Wir sind hier Zeugen der typischen Art und Weise, wie PLATON kommentiert wurde und wie PROKLOS' Vorlesung unter ständigem Zwiegespräch zwischen Lehrer und Hörern verlief. Die Beziehung eines platonischen Interpreten zu PLATONS Schriften war ähnlich der eines jüdischen Interpreten zur Heiligen Schrift: in beiden Fällen exakteste und ehrfurchtsvollste Bezugnahme auf jedes Wort unter gründlicher Berücksichtigung des Kontexts, mit dem Ziel, so den wahren Sinn des Textes zu erfassen.

Der Mythos von Er soll die platonische Lehre von der Herrschaft der Gerechtigkeit erläutern, dem Problem der Belohnung der Gerechten und Bestrafung der Bösen; diese Lehre fußt auf dem Glauben an die Unsterblichkeit der Seele und die Seelenwanderung. Dazu gehört auch der Komplex der kosmologischen Tatsachen, die uns die Herrschaft von Ordnung und Harmonie im Weltall vor Augen führt. PROKLOS betont hier, daß PLATON von den beiden Aspekten einer gerechten Konstitution handelt, dem irdischen als auch dem himmlischen. In PLATONS Erzählung heißt es, daß Er und seine Gefährten im Jenseits auf ihrem Wege zu der Stelle, an der sich die Eingänge zum Himmel und in die Unterwelt befinden, eine senkrechte Lichtsäule erblicken, ähnlich einem Regenbogen. An der Stelle selbst sehen sie ein Licht, das den Himmel umspannt, nach Art der Gurte, die wie ein Gürtel eine Triere zusammenhalten. PROKLOS legt in seinem Kommentar das Schwergewicht auf den Umstand, daß das Licht hier dreimal erwähnt wird, gemäß seinen drei spezifischen Eigenschaften – Stabilität, Sichtbarkeit und allumfassende Macht. MARINOS hingegen lehnt die neuplatonische Lichtmystik ab, die dem Licht eine zentrale Rolle im Universum zuschreibt, und hält sich an das Wort „Triere", das ein Schiff mit drei Ruderbänken bezeichnet. Nach seiner Interpretation verbildlicht dies Schiff das Himmelsgewölbe, das von den drei Schicksalsgöttinen Vergangenheit, Gegenwart und Zukunft gelenkt wird [39]. MARINOS' Deutung betont – wohl mit Recht – den Zusammenhang der Herrschaft des Fatums in der kosmischen Ordnung mit der Herrschaft der Gerechtigkeit, im Sinne der deterministischen Auffassung des Universums in der stoischen Lehre.

Noch deutlicher rückt MARINOS von der üblichen neuplatonischen Auffassung ab, wenn er die Erlebnisse des Er am Treffpunkt der vom Himmel hinuntersteigenden und aus der Unterwelt heraufsteigenden Seelen deutet. Aus dem relevanten Text im „Staat" geht hervor, daß Er die Schicksale dieser Seelen vor 1000 Jahren und länger gekannt hat. Wie war dies möglich? Wie konnte er von ihrem gegenwärtigen Zustand auf ihre ferne Vergangenheit schließen, in der einige der Seelen in andere Körper gewandert sein sollen? PROKLOS selber zitiert den rationalen und einfachen Kommentar des MARINOS: „im Text steht ja auch geschrieben, daß die Seelen, die einander kannten, sich begrüßten und einander ihre Erlebnisse in der Unterwelt oder im Himmel erzählt hätten; es sei also durchaus plausibel, daß Er etwas von diesen Gesprächen auffangen konnte" [40]. Demgegenüber ist PROKLOS nicht bereit, diese ihm zu simple Deutung zu akzeptieren und hält sich an die bei den späten Neuplatonikern übliche Erklärung: An den pneumatischen Hüllen, die die Seelen umgeben, konnte Er die Gestalten erkennen, die sie in früheren Inkarnationen angenommen hatten [41]. Wiederum sehen wir, daß MARINOS sich offenbar von der pneumatischen Mythologie seiner Generation distanziert, wie sie von PLOTIN an bis ins sechste Jahrhundert hinein herrschend war. Der nüchterne Kommentator und Anhänger des aristotelischen Rationalismus verhielt sich ablehnend zu der Geisteshaltung, die in der neuplatonischen Schule Athens prädominierte.

Zu all diesen direkten und indirekten Beweisen für MARINOS' Charakter als Einzelgänger und Ausnahmeerscheinung im üblichen philosophischen Milieu kommt noch seine Proklosbiographie hinzu [41]. Diese hält sich nicht starr an die chronologische Reihenfolge, weil sie vornehmlich mit der Absicht verfaßt wurde, das Leben des vergötterten Lehrers als das eines glückseligen Menschen zu schildern, dessen Tugendgrade vollkommen waren, von den physischen, bürgerlichen und ethischen an bis zu den „reinigenden" und „theurgischen". Außer diesen beiden letzten sind alle Tugenden der Ethik des ARISTOTELES entlehnt. MARINOS verwebt die Schilderung von PROKLOS' Persönlichkeit mit der des Athener Lebens zu seiner Zeit. Wir erfahren hier vieles über die geistige Atmosphäre von Stadt und Akademie, von dem dort herrschenden Glauben an Wunder und Zauberei, von wunderbaren Heilungen hoffnungslos Kranker, vom Einfluß von Gebeten auf das Schicksal der Menschen und der vorbedeutungsvollen Rolle von Träumen. Auch von den äußerlich leidlich korrekten und dennoch nicht sehr stabilen Beziehungen zwischen den christlichen Machthabern Athens und den neuplatonischen Intellektuellen wird hier berichtet, deren geistiger Scharfsinn und irrationaler Glaube in so krassem Widerspruch miteinander standen.

Wir müssen bei der Beurteilung von MARINOS' Schrift Vorsicht walten lassen und nicht aus seinen Berichten schließen, daß er sich mit der von ihm so eingehend geschilderten Atmosphäre völlig identifiziert hat. Vielmehr sollten wir an den Satz von Niels BOHR denken, den er mehrfach bei seiner komplementären Deutung des Kausalgesetzes ausgesprochen hat: „Auf der Bühne der menschlichen Existenz sind wir zugleich Schauspieler und Zuschauer" [43]. Der sich distanzierende und antiinstitutionelle MARINOS war weniger Schauspieler als Zuschauer, und seine ausgezeichnete Biographie ist das Produkt dieses Zuschauens, seiner scharfen Beobachtung des Athener Lebens. Ein überzeugender Beweis für seine geistige Persönlichkeit ist das erste Kapitel seiner Proklosbiographie, zu deren Abfassung er sich nur nach schwerem Zögern entschloß. MARINOS schreibt, daß er schließlich seine Bedenken überwand und sein Buch veröffentlichte: „... ich fürchtete, daß es nicht recht ist, wenn ich allein von seinen Vertrauten schweige und nicht nach meinen Kräften alles wahrheitsgemäß von ihm berichte; ich bin doch vor allen anderen verpflichtet, meine Stimme hören zu lassen. Vielleicht würde ich aber nicht einmal die Zustimmung der Menschen finden. Denn sie würden überhaupt nicht glauben, daß ich habe vermeiden wollen, prahlerisch zu erscheinen, sondern sie würden annehmen, ich hätte aus Geistesträgheit oder wegen eines noch schlimmeren Übels dieses mein Vorhaben aufgegeben" [44]. Die Verbitterung, die aus diesen Worten spricht, bezeugt die Isoliertheit des MARINOS in Athen, fünfundzwanzig Jahre nach seiner Aufnahme in die Akademie. Diese Isoliertheit war, wie schon gesagt, die Folge seiner rationalistischen, vorwiegend aristotelischen Einstellung, derselben Haltung eines Außenseiters, die ihn wahrscheinlich in seinen Jugendjahren dazu bewogen hatte, die institutionalisierte samaritanische Religion zu verlassen und nach Athen zu gehen.

Aufgrund der Andeutungen über das schwere chronische Leiden von MARINOS, die sich in den Fragmenten der Isidorosbiographie des DAMASKIOS finden, ist zu vermuten, daß ihm nur wenige Jahre als Präsident der Akademie beschieden waren. Als Philosoph hatte er nicht die Statur seiner Vorgänger SYRIANOS und PROKLOS, aber in seinem entschiedenen Rationalismus hat er zweifellos einen Einfluß auf das Geistesleben Athens ausgeübt, vor allem als Gegner der mystischen Übertreibungen von ISIDOROS und dessen Schüler DAMASKIOS und als Erneuerer der nüchternen, philologisch ausgerichteten Deutung der platonischen Schriften sowie als Fortsetzer der klassischen Tradition der Kommentierung des ARISTOTELES. Seine Proklosbiographie allein sichert ihm einen bleibenden Platz in der Geschichte Athens und des Neuplatonismus im fünften Jahrhundert.

Literatur

1. PORPHYRIUS, *De vita Plotini et eius librorum ordine* (ed. E. BRÉHIER, Paris 1954)
2. MARINUS, *Proclus vel de beatitudine* (ed. J. F. BOISSONADE, Paris 1813)
3. *Damascii vitae Isidori reliquiae* (ed. C. ZINTZEN, Hildesheim 1967)
4. MARINUS, Kap. 35
5. MARINUS, Kap. 10
6. *a.a.O.*
7. MARINUS, Kap. 12
8. PROCLUS, *The Elements of Theology* (ed. E. R. DODDS, Oxford 1963), Propos. 35
9. *a.a.O.* Propos. 122
10. PROCLUS, *In Euclid.* (ed. G. FRIEDLEIN, Leipzig 1873)
11. ELIAS, *Comm. in Arist. Graeca XVIII* (ed. A. BUSSE, Berlin 1900) p. 28, 29
12. PROCLUS, *In Euclid*, p. 46, 21 ff
13. PROCLUS, *a.a.O.* p. 153, 10 ff
14. PROCLUS, *Hypotyp. astronom. posit.* (ed. C. MANITIUS, Leipzig 1909)
15. PROCLUS, *In Tim.* (ed. E. DIEHL, Leipzig 1906) III, p. 96, 21 – 24
16. PROCLUS, *a.a.O.* I, p. 76, 21 – 24; p. 78, 2 – 4
17. G. W. F. HEGEL, *Encycl. d. philos. Wissensch.* (ed. G. LASSON, Leipzig 1911) § 248; § 250
18. MARINUS, Kap. 22
19. MARINUS, Kap. 19
20. MARINUS, Kap. 28 – 29
21. MARINUS, Kap. 15
22. MARINUS, Kap. 30
23. MARINUS, Kap. 36
24. DAMASCIUS, *Note 3* 141 (p. 196)
25. *a.a.O.* 143 (p. 196)
26. Siehe Jeffrey COHEN, *A Samaritan Chronicle* (Leiden 1981)

27. DAMASCIUS, *Note 3*, 142 (p.196)
28. DAMASCIUS. *a.a.O.* 90 (p. 67)
29. DAMASCIUS, *a. a. O.* 245 (p. 201)
30. PHILOPONUS, *In de anima* (ed. M. HAYDUCK, Berlin 1897), Comm. In Arist. Graeca XV, pp. 534–537
31. ARISTOTELES, *De anima* 430 ^{a}19
32. *Note 30*, p. 535, 5–8; 535, 31–536, 2
33. R. WALZER, *Le Néoplatonisme* (Paris 1971), p. 319 ff
34. PROCLUS, *In Tim.* III, p. 126, 20–21
35. EUCLIDES, *Data cum comm. Marini* (ed. H. MENGE, Leipzig 1896)
36. DAMASCIUS, *Note 3*, 147 (p. 202)
37. PLATON, *Staat* 614^b–618^b
38. PROCLUS, *In rempubl.* (ed. W. KROLL, Leipzig 1901) II, p. 96, 2
39. PROCLUS, *a.a.O.* p. 200, 30 ff
40. PROCLUS, *a.a.O.* p. 327, 13 ff
41. PROCLUS, *a.a.O.* p. 327, 21 ff
42. MARINUS, *Note 2*
43. Niels BOHR, *Atomic Physics and Human Knowledge* (New York 1958), p. 81
44. MARINUS, Kap. 1

Sitzungsberichte der Heidelberger Akademie der Wissenschaften
Mathematisch-naturwissenschaftliche Klasse

Die Jahrgänge bis 1921 einschließlich erschienen im Verlag von Carl Winter, Universitätsbuchhandlung in Heidelberg, die Jahrgänge 1922–1933 im Verlag Walter de Gruyter & Co. in Berlin, die Jahrgänge 1934–1944 bei der Weißschen Universitätsbuchhandlung in Heidelberg. 1945, 1946 und 1947 sind keine Sitzungsberichte erschienen.
Ab Jahrgang 1948 erscheinen die „Sitzungsberichte" im Springer-Verlag.

Inhalt des Jahrgangs 1979/80:
1. H. P. Schmitt. Akute und intervalläre Strahlenschäden des Zentralnervensystems. DM 84,–.
2. W. v. Engelhardt. Phaetons Sturz – ein Naturereignis? DM 26,–.
3. R. Haas. Influenza – Bagatelle oder tödliche Bedrohung? DM 19,80.
4. T. Kirsten (Hrsg.). Geophysik in Heidelberg. DM 52,–.
5. M. Becke-Goehring. Anorganische Chemie zwischen gestern und morgen. DM 24,–.

Inhalt des Jahrgangs 1980:
1. F. Duspiva. Das Problem der Determination und Differenzierung in der Biologie. DM 20,–.
2. E. Hinz. *Schistosoma intercalatum*-Infektionen in Afrika. Saisonkrankheiten in Nigeria. DM 42,–.
3. J. C. Vogel. Fractionation of the Carbon Isotopes During Photosynthesis. DM 18,80.
4. W. Doerr, W.-W. Höpker, W. Hofmann, K. Kayser, C. Tschahargane. Onkologisches Panorama. Krebsregister, Früherkennung, Phylogenie. DM 18,20.

Inhalt des Jahrgangs 1981:
1. F. Kirchheimer. Die Medaillen der Kurpfälzischen Akademie der Wissenschaften. DM 23,–.
2. S. Berking. Zur Rolle von Modellen in der Entwicklungsbiologie. DM 24,50.
3. Th. Wieland. Moderne Naturstoffchemie am Beispiel des Pilzgiftstoffes Phalloidin. DM 19,–.
4. S. Sambursky. Religion und Naturwissenschaft im spätantiken Denken. DM 10,50.

W. Doerr. W. Hofmann, A. J. Linzbach, K. Rother, F. Seitelberger, Neue Beiträge zur Theoretischen Pathologie. Herausgegeben von H. Schipperges. Supplement. Geb. DM 62,–.

Th. Henkelmann. Zur Geschichte des pathophysiologischen Denkens. John Brown (1735–1788) und sein System der Medizin. Supplement. Geb. DM 54,–.

Inhalt des Jahrgangs 1982:
1. E. G. Jung. Licht und Hautkrebse. Modelle und Risikoerfassung. DM 26,–.
2. H. H. Schaefer. Georg Cantor und das Unendliche in der Mathematik. DM 17,50.
3. G. Greiner. Spektrum und Asymptotik stark stetiger Halbgruppen positiver Operatoren. DM 18,50.
4. W. Doerr. Cacer à deux. DM 13,80.
5. W. Jaeger. Untersuchungen zu Farbkonstanz und Farbgedächtnis. DM 12,80.
6. H. Habs. Die sogenannte Pest des Thudydides. Versuch einer epidemiologischen Analyse. DM 24,80.

B. M. Thimm. Brucellosis. Distribution in Man, Domestic an Wild Animals. Supplement. Geb. DM 45,–.

G. Breitfellner. Der Sekundenherztod. Ein morphologisches, funktionelles und sektionsstatistisches Profil. Supplement. Geb. DM 128,–.

MIX
Papier aus verantwortungsvollen Quellen
Paper from responsible sources
FSC® C105338

If you have any concerns about our products,
you can contact us on
ProductSafety@springernature.com

In case Publisher is established outside the EU,
the EU authorized representative is:
**Springer Nature Customer Service Center GmbH
Europaplatz 3, 69115 Heidelberg, Germany**

Printed by Libri Plureos GmbH
in Hamburg, Germany